OSTJÜDISCHE ARBEITER IM RUHRGEBIET
1915–1923

JÜDISCHE MINIATUREN
Herausgegeben von Hermann Simon

BAND 326 OSTJÜDISCHE ARBEITER IM RUHRGEBIET 1915–1923

Alle „Jüdische Miniaturen" sind auch im Abonnement beim Verlag erhältlich.

Die Deutsche Nationalbibliothek verzeichnet diese Publikation in der Deutschen Nationalbibliografie; detaillierte Daten sind im Internet über https://portal.dnb.de/ abrufbar.

Inh. Dr. Nora Pester
Capa-Haus, Jahnallee 61
04177 Leipzig
info@hentrichhentrich.de
www.hentrichhentrich.de

Lektorat: Malte Gerken
Gestaltung: Michaela Weber
Druck: Winterwork, Borsdorf

1. Auflage 2024

Printed in Germany
ISBN 978-3-95565-684-3

L. JOSEPH HEID

OSTJÜDISCHE ARBEITER IM RUHRGEBIET 1915–1923

„MEHR INTELLIGENZ ALS KÖRPERLICHE KRAFT“

Umschlagabbildung vorn (Abb. 1): Aufnahme-Schein (Bergmanns-Brief) des Israel (Izrael) Schajer (Szajer), 1916

Dieser Band wurde gefördert durch die Moses Mendelssohn Stiftung.

Inhalt

Für Cyrus Overbeck, Künstler und Demokrat

Vorwort

Am 21. Dezember 2018 war „Schicht im Schacht": Mit einem zentralen Festakt wurde der deutsche Steinkohlenbergbau in Bottrop verabschiedet. Kumpel der Zeche „Prosper" übergaben das letzte abgebaute Stück Kohle aus einem deutschen Bergwerk symbolisch als museales Exponat an Bundespräsident Frank-Walter Steinmeier. Nach 200 Jahren Industriegeschichte war damit die Kohleförderung der bundesweit letzten Zeche in Bottrop offiziell eingestellt. Vertreter der NRW-Landespolitik, an der Spitze Ministerpräsident Armin Laschet, waren erschienen, ebenso die Repräsentanten der Ruhrwirtschaft, sogar EU-Ratspräsident Jean-Claude Juncker gab sich die Ehre, viele geladene Gäste. Der Bundespräsident, ein wenig kumpelhaft, hob in seiner Rede die oft gepriesene Solidarität unter Tage hervor, dann, unverzichtbar, alle textsicher: „Der Steiger kommt …"

Von großem Dank waren die Reden, Dank den Kumpel, die in schwerster montaner Arbeit über Jahrzehnte hinweg den Wohlstand Deutschlands im Wortsinn zu Tage gefördert hatten. Von den ausländischen Bergmännern, die man im vorletzten Jahrhundert mit allerlei Versprechungen, die zumeist nur bedingt eingehalten wurden, ins Ruhrgebiet geködert hatte, war wenig die Rede. Von Animositäten, denen die zumeist polnischen Bergleute vielerorts begegnet waren, wurde nicht gesprochen, nichts von Demütigungen, Entbehrungen, denen sie in der Fremde ausgesetzt waren. Und schon gar nichts hörte man von jüdischen Arbeitern, die man während des Ersten Weltkrieges und auch danach in Russisch-Polen, teils freiwillig, teils mit Gewalt zur schwerindustriellen Arbeit nach Deutschland gelockt hatte.

Viel zitiert auch das Wort, das als Ehrenwort der Ruhrgebietsarbeiter gilt: Maloche. Wo kommt es her, dieses Wort, und wie konnte es sich selbstverständlich und allgemein verbreiten? Die Polen hatten es von ihren jüdischen Nachbarn aufgeschnappt, bevor sie sich auf Arbeitswanderschaft ins Ruhrgebiet begaben und es in die neue Arbeitswelt mitnahmen. Das geschah in den letzten Jahrzehnten des 19. Jahrhunderts, als der Prozess der Hochindustrialisierung im rheinisch-westfälischen Industriegebiet begann, es nicht genug hiesige Arbeitskräfte gab und die Unternehmer ihre Agenten nach Osten schickten, um junge Männer, wie die Anwerbung damals hieß, „auszuschellen“. Und so kam das Wort „Maloche“ ins Ruhrgebiet, wo es dann seinen Schliff bekam, nachgerade geadelt wurde und in den Ehrenkodex der Arbeiterschaft aufgenommen wurde.

Ostjuden galten als rückständig, minderwertig und unkultiviert. Rassistische Dünkel ihnen gegenüber waren keine seltene Erscheinung. Es kann nicht weiter überraschen, dass es für die ausländischen Arbeitskräfte unterschiedliche Grade hinsichtlich ihrer Arbeits- und Lebensbedingungen und ihres rechtlichen Status gab. Die Spannweite reichte von Arbeitskräften, die mehr oder weniger freiwillig durch die Deutsche Arbeiter-Zentrale oder Werksagenten angeworben wurden, oder aber von Männern, die bei Razzien im besetzten polnisch-russischen Gebiet willkürlich ergriffen wurden, bis hin zu Menschen, die als Zivil- oder Kriegsgefangene zur Arbeit gezwungen wurden. Die rassistische Ideologie spiegelt sich besonders in der Behandlung der Ostjuden wider. Es gab und gibt eine Tradition institutionalisierter Diskriminierung von ausländischen Arbeitern. Bei den Ostjuden kamen zum Antisemitismus religiöse Ressentiments hinzu. Antijüdische Maßnahmen waren in zweitausend Jahren von kirchlichen Autoritäten dekretiert und von weltlichen Regierungen übernommen worden, die in ihre Fußstapfen traten. Dies erklärt, dass unter allen in Deutschland anwesenden fremden Nationen oder Völkern die Ostjuden an der untersten Stufe der hierarchischen Werteskala rangierten – kulturell, sozial, politisch und arbeitsrechtlich.

Die ostjüdische *Arbeiter*einwanderung in das rheinisch-westfälische Industriegebiet, die mit Beginn des Ersten Weltkrieges ihren Ausgang nahm, die damit verbundenen Probleme, das Verhalten der deutschen Juden ihnen gegenüber sowie Reaktionen und Kampagnen der Antisemiten, waren viele Jahre Anlass heftiger Auseinandersetzungen in Deutschland. Tausende Ostjuden als (ungelernte) Arbeiter in der deutschen Rüstungsindustrie, im Berg- und Tiefbau und anderen Industriezweigen während des Ersten Weltkrieges und der Anfangsjahre der Weimarer Republik, sind ein unbeachtetes „Phänomen“, das von der Geschichtsschreibung lange weitgehend ausgeklammert war.

Arbeit und Alltag ostjüdischer Proletarier im rheinisch-westfälischen Industriegebiet 1915–1923

Eine Episode aus dem Jahr 1920 führt auf anschauliche Weise in die Problematik des ostjüdischen Proletariats im Ruhrgebiet ein und widerlegt zugleich das antisemitische Klischee, Juden scheuten körperliche Arbeit:

„Mein Vater hat immer gerne eine Geschichte erzählt aus den ersten Nachkriegsjahren", erinnert sich Yehoshua Amir, 1911 geborener Sohn des Duisburger Rabbiners Manass Neumark, „wo es eine antisemitische Welle gab, die sich parteipolitisch noch nicht so recht ausdrückte. Die wirkte sich z. B. aus in einer Flugblattpropaganda mit angeklebten Zetteln, die den Text trugen: ‚Hast Du schon einmal einen jüdischen Arbeiter gesehen?' Mein Vater erzählte", fährt Amir fort, „wie es einmal eine Vortragsveranstaltung gab vom Verein für Abwehr des Antisemitismus, durchgeführt vom Centralverein deutscher Staatsbürger jüdischen Glaubens. Es war ein ziemliches Publikum da. Mein Vater sah, dass im Saal einige Unruhe war, offenkundig antisemitische Elemente vertreten und wahrscheinlich als Provokateure geschickt waren. Er sah, dass die Atmosphäre etwas ungemütlich wurde. Da meldete er sich zu Wort und begann, von diesen Flugblättern zu sprechen und sagte: ‚Ich bitte alle jüdischen Arbeiter, die sich hier in diesem Saale befinden, sich einmal von ihrem Platz zu erheben!' Daraufhin standen plötzlich zweihundert Leute auf. In diesem Augenblick war Ruhe im Saal und die Versammlung ging in Frieden vonstatten."

Diese Szene belegt die zahlreiche Anwesenheit ostjüdischer Arbeiter im Ruhrgebiet, die seit 1915 zur Ankurbelung der Rüstungsindustrie aus Osteuropa nach Deutschland geholt worden waren. Nach Kriegsende wanderten – politisch und wirtschaftlich bedroht – weitere Ostjuden zu.

„Die jüdische Arbeiterschaft im Rheinland ist ein neuer Typus in der jüdischen Arbeiterbewegung. Hier sind jüdische Arbeiter, die die Legende der Unfähigkeit des jüdischen Arbeiters zur Schwerarbeit zerstört haben, die bewiesen haben, daß der jüdische Arbeiter fähig und bereit ist, die schwerste Arbeit zu übernehmen und zu leisten, wenn man ihm sein Recht auf Arbeit gibt, wenn man ihn nicht ununterbrochen von seinen Arbeitsstellen fortjagt." So die „Jüdische Arbeiterstimme" in einem Pressebericht über die Kreiskonferenz der jüdisch-sozialdemokratischen Poale-Zion-(Arbeiter Zions-)Gruppen Rheinland-Westfalens am 15. Mai 1921 in Dortmund, charakterisieren treffend den „ostjüdischen Proletarier".

Melocho welo Zedokoh – „Arbeit und nicht Almosen" – war unter der jüdischen Bevölkerung Osteuropas ein weit verbreiteter Anspruch und zielte in seiner Bedeutung auf *körperliche* Arbeit. Dabei ist es merkwürdig: Zum Arsenal antisemitischer Stereotypen gehört der Vorwurf, der (Ost-)Jude sei faul, arbeitsscheu und verschmähe insbesondere körperliche Arbeit. Adolf Stoecker, des letzten deutschen Kaisers Hofprediger, einer der Initiatoren und Wortführer des modernen Antisemitismus, formulierte den tradierten antisemitischen Topos und seine Lösung folgendermaßen: „Für mich gipfelt die Judenfrage in der Frage, ob die Juden [...] lernen werden, sich an der gesamten deutschen Arbeit, auch an der harten und sauren Arbeit des Handwerks, der Fabrik, des Landbaues zu beteiligen." Umso erstaunlicher, dass das hebräisch-jiddische Wort *M'locho* (Arbeit, Werk, Handwerk) Eingang in den umgangssprachlich, positiv eingefärbten Wortschatz der Menschen im regionalen Raum Rheinland-Westfalens gefunden hat. Das Wort „Maloche" bezeichnet die harte, „ehrliche", körperliche Arbeit, die im Ruhrgebiet vor allem in der Montanindustrie, im Bergbau, in Zechen und Hütten von den Arbeitern zu leisten war. Dieses Wort dürfte neben dem nicht mehr gebräuchlichen Wort *achielen* (hebräisch „ochel" = essen) – was in der Bedeutung „essen in der Arbeitspause" von den „Malochern" des Ruhrgebiets benutzt wurde

(und inzwischen aus dem Sprachgebrauch nahezu verschwunden ist) –, der einzige Begriff jiddisch-hebräischen Ursprungs sein, der Eingang in die Sprache der Arbeitswelt gefunden hat.
Die Anwerbung ausländischer Arbeiter war notwendig geworden, um die im Feld stehenden deutschen Arbeiter zu ersetzen bzw. bislang freigestellte an die Front zu schicken. Unter diesen Arbeitern befanden sich auch zahlreiche Juden. Die Zahlen der während des Ersten Weltkrieges teils zwangsdeportierten, teils angeworbenen und zugewanderten Ostjuden sind nicht genau bekannt. Nach Angaben des Reichsinnenministeriums aus dem Jahre 1922 gab es 1915 ca. 50 000 ostjüdische Arbeiter in Deutschland. Während des Krieges kamen weitere 30 000, bis 1922 noch einmal etwa 70 000 ostjüdische Arbeiter hinzu. Doch die Zahlen der ostjüdischen Arbeiter im Ruhrgebiet sind ungewiss. Sie veränderten sich dauernd durch Zuzug, Rück- und Weiterwanderung. Bei Kriegsende betrug die Schätzung 16 000. Eine kontinuierliche Statistik ist nie geführt worden. Das Jüdische Arbeitsamt Duisburg, das zusammen mit seiner Nebenstelle – dem Jüdischen Arbeiterfürsorgeamt in Bochum – den Arbeitsmarkt für ostjüdische Arbeiter im Ruhrgebiet organisierte, veröffentlichte unregelmäßig Zahlen der zugewanderten Ostjuden. Eine Aufstellung für die Monate August bis November 1920 belegt, dass von

allen Ruhrgebietsstädten Dortmund mit 500 – hinter Duisburg mit 700 Personen – die meisten ostjüdischen Arbeiter aufwies.

Abb. 2: Jüdische Arbeiterfürsorgestelle Duisburg: Vorsprechende ostjüdische Arbeiter. Werner Fraustädter (Leiter), Alice Löwe (l.), Trude Schnurmacher (vorne), Ende 1918

Die ostjüdische Arbeitermigration war eine Wanderung unverheirateter junger Männer ohne Familie. Im Ruhrgebiet leisteten sie allgemein ungelernte Arbeit in Bauunternehmungen, Bergwerken (unter Tage) und kriegswichtigen Hüttenbetrieben. Vereinzelt waren sie darüber hinaus in der chemischen Industrie

tätig. Von den anderen ausländischen Arbeitern unterschieden sie sich wesentlich durch höhere Bildung, geistige Beweglichkeit und ein überaus starkes kulturelles Interesse.
Die russisch-polnischen und ostjüdischen Arbeiter waren von Anfang an durch indirekten oder direkten Zwang nach Deutschland gekommen. Sie wurden nie als freie Arbeiter angesehen und erst recht als solche behandelt; für sie bestand ein grundsätzliches Rückkehrverbot. Die Ausweispapiere wurden ihnen abgenommen und in den „Ausländerbüros" der Unternehmen aufbewahrt. Die „Legitimationskarte" war der einzig gültige Inlandsausweis des ausländischen Arbeiters. Er enthielt zwei Namen: den des ausländischen Arbeiters und den seines inländischen Arbeitgebers, an den der Ausländer für die Zeit seiner Aufenthalts- und Arbeitsgenehmigung bei Strafe des Arbeitszwanges oder der Ausweisung gebunden blieb. Damit war die Bewegungsfreiheit auf den jeweiligen Stadtbezirk beschränkt. Mit dem Einsatz ausländischer Arbeitskräfte sollten deutsche Arbeiter auf Dauer für den Kriegsdienst freigestellt und ein ständiger Wechsel der gerade angelernten und eingearbeiteten deutschen Arbeiter verhindert werden. Der Arbeitsvertrag verpflichtete die östlichen Arbeiter, ihre Angehörigen in der Heimat zu unterstützen. So musste ein Arbeiter aus dem Osten – gestaffelt

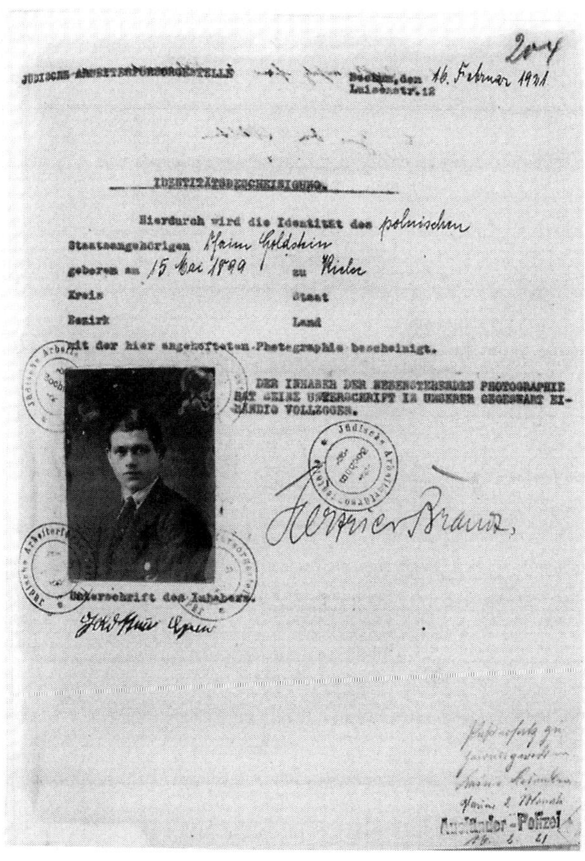

JÜDISCHE ARBEITERFÜRSORGESTELLE Bochum, den 16. Februar 1921
Luisenstr. 12

IDENTITÄTSBESCHEINIGUNG.

Hierdurch wird die Identität des polnischen Staatsangehörigen Chaim Goldstein geboren am 15 Mai 1899 zu

Kreis Staat

Bezirk Land

mit der hier angehefteten Photographie bescheinigt.

DER INHABER DER NEBENSTEHENDEN PHOTOGRAPHIE HAT SEINE UNTERSCHRIFT IN UNSERER GEGENWART EIGENHÄNDIG VOLLZOGEN.

Unterschrift des Inhabers.

Ausländer-Polizei

Abb. 3: Identitätsbescheinigung der Jüdischen Arbeiterfürsorgestelle Bochum für Chaim Goldstein, 1921

nach der Anzahl der zurückgebliebenen Familienangehörigen – jeweils einen gewissen Prozentsatz des verdienten Monatslohns in die Heimat überweisen.
Für die Arbeiter aus Osteuropa, die ohnehin nie ganz freiwillig nach Deutschland gekommen waren, spitzte sich die Lage seit Oktober 1916 weiter zu. Hier wurde am 4. Oktober 1916 vom deutschen Generalgouverneur in Polen die „Verordnung zur Bekämpfung der Arbeitsscheu" erlassen, die den deutschen Besatzungsbehörden das Mittel an die Hand gab, Russisch-Polen zwangsweise nach Deutschland zu deportieren. Besonders betroffen von dieser Verordnung war die jüdische Bevölkerung aus der Gegend um Łódź. Etwa 5000 jüdische Arbeiter wurden zwangsausgehoben und in sogenannte Zwangsarbeitsbataillone eingereiht, sofern sie sich nicht „freiwillig" zur Arbeit nach Deutschland meldeten.
Zu den Deportationen befahl man die männliche jüdische Bevölkerung auf Marktplätze und Kirchhöfe, umstellte sie, um sie dann auf die Bahnhöfe zu führen und abzutransportieren. Wenn sich jemand der Zwangsaushebung durch Flucht entzog, wurden dessen Familienangehörige so lange zur Zwangsarbeit herangezogen, bis sich der Entwichene den militärischen Besatzungsbehörden stellte. Es wurden wahllos Männer zusammengetrieben und deportiert, ungeachtet ihres Alters und ihrer Arbeitsfähigkeit.

Es gab von Anfang an Bedenken gegen die Arbeitsvermittlung ostjüdischer Arbeiter, weil man sie für die montanindustrielle Arbeit nicht geeignet hielt. Hinzu kam, dass die deutschen Arbeitgeber wenig Rücksicht auf die religiösen Bedürfnisse der jüdischen Arbeiter, wie Sabbatruhe, rituelle Verpflegung usw., nehmen konnten oder wollten. Doch waren es vor allem antisemitische Vorurteile, die den Ostjuden das Leben im Ruhrgebiet schwer, manchmal auch unerträglich machten. Die Mitgliedschaft in einer Gewerkschaft war ihnen erst Ende 1918 möglich.

Das deutsche Kriegsministerium drängte auf die Steigerung der Kriegsindustrie. In einem Erlass vom 16. Dezember 1915 genehmigte der preußische Innenminister Friedrich Wilhelm von Loebell die Zulassung russisch-jüdischer Arbeiter, obwohl sich ihr Einsatz seiner Meinung nach im Allgemeinen bislang nicht bewährt hatte. „Insbesondere sind sie zu den schweren in der Montanindustrie geforderten Arbeiten körperlich vielfach nicht geeignet gewesen“, führte Loebell aus, „haben sich aufsässig benommen und ihre Mitarbeiter zur Unzufriedenheit aufgereizt.“ 1917 sah sich der Innenminister veranlasst, seine Bedenken aufzugeben. Die Regierungs- und Polizeipräsidenten wurden ermächtigt, ostjüdische Arbeiter und Arbeiterinnen in Betrieben jeder Art und Bergwerken zu beschäftigen. Die beiden Schlusssätze dieses

Eil-Erlasses vom 20. September 1917 sprechen für sich. Sie lauten: „Dabei wird auf die Auswahl gesunder, kräftiger und sittlich einwandfreier Leute Bedacht zu nehmen sein, wenn auch die Anforderungen in Bezug auf kräftigen Körperbau nicht zu hoch zu stellen sein werden, da die jüdische Bevölkerung des Ostens infolge natürlicher Veranlagung und der Unterernährung in den letzten Jahren meist nur einen schwächlicheren Körperbau aufweist. Derartige Leute werden zweckmäßig in Stellen beschäftigt werden können, für deren Wahrnehmung mehr Intelligenz als körperliche Kraft erforderlich ist."

Der größte Teil der nach Deutschland vermittelten Ostjuden wurde als ungelernte Arbeiter verpflichtet. Die Monatsstatistiken des Jüdischen Arbeitsamtes Duisburg, die seit Anfang 1920 veröffentlicht wurden, zeigen, dass die um Arbeit nachsuchenden Ostjuden zum größeren Teil gelernte Handwerker waren. Es bestand kein Zweifel daran, dass die völlig unvorbereitet zur Arbeit herangezogenen Ostjuden einer industriellen Berufsausbildung bedurften.

Die Maßnahmen der deutschen Besatzungsbehörden und die Arbeitsbedingungen in Deutschland für alle ausländischen Arbeiter waren von einer menschenverachtenden Haltung geprägt. Die Verpflichtungsdauer für angeworbene Arbeiter war unterschiedlich geregelt. Die Belgier mussten sich laut Arbeitsvertrag

auf mindestens drei, ab Mai 1916 auf vier Monate verpflichten. Nach Ablauf des Vertrages war es den Arbeitern freigestellt, diesen auf die Dauer von vier, sechs oder acht Monaten zu verlängern oder in ihre Heimat zurückzukehren.
Die Arbeitsverträge mit den Arbeitern aus dem Osten wurden für die gesamte Kriegsdauer abgeschlossen, wobei die Laufzeit des Kontraktes – „mindestens für 6 Monate“ – allenfalls eine kosmetische Klausel war. Die Arbeitsverträge, die die Arbeiterzentrale in Warschau mit den nach Deutschland vermittelten Arbeitern abschloss, erwiesen sich als nachteilig für die Arbeiter. Der Vertrag war anfangs in deutscher, erst später dann in jiddischer Sprache abgefasst. Während die Arbeiter glaubten, sich für sechs Monate verpflichtet zu haben, bestand der Kontrakt tatsächlich für die ganze Dauer des Krieges. Urlaub wurde allen Arbeitern nur aus besonders wichtigen Gründen gewährt.
Der Übergang von der gewohnten handwerklichen Arbeit in Polen zur geforderten Industriearbeit in den Rüstungsfabriken war für die meisten Ostjuden physisch wie psychisch ein schwieriger Prozess. Auf die Arbeitsbedingungen während des Krieges – schwere Arbeiten unter Akkord bei niedrigen Löhnen und schlechter Verpflegung, bei menschenunwürdiger Unterbringung, schikanöser Behandlung und

gen des Arbeiters abgeführt: Bei 1 bis 2 Angehörigen 20%, bei 3 bis 4 Angehörigen 25%, bei 5 und mehr Angehörigen 30% des Lohnes.

Arbeitsordnung: Der Arbeiter unterwirft sich der Arbeitsordnung der Betriebsstätte.

Hauptvertrag: Alle sonstigen Rechte und Pflichten ergeben sich aus dem vom Arbeitgeber und Arbeitnehmer unterschriebenen Hauptvertrage.

INDUSTRIE — אינדוסטריע

DEUTSCHE Arbeiterzentrale Berlin Hafenplatz № 4

Auszug aus dem Arbeitsvertrage
אויסצוג פֿון דעם ארבייט-קאָנטראַקט

Des ……
Alter …… Jahre
Heimatsort ……
Kreis (Bezirk) ……
Heimatsland ……
Passnummer ……
(Stempel der Anwerbestelle)

Arbeitgeber ……
Arbeitsstelle ……
Post ……
Bahnstation ……
Grenzamt in ……
den …… 191…

Abb. 4 und 5: Arbeitsvertrag für ostjüdische Arbeiter der Deutschen Arbeiterzentrale (deutsch/jiddisch), Vorder- und Rückseite

eingeschränkter Bewegungsfreiheit – reagierten viele mit Verweigerung und Widerstand gegenüber den behördlichen und unternehmerischen Vorschriften. Der Kontraktbruch – zumeist verursacht durch den Versuch, in den angestammten Beruf umzusteigen – wurde zur Massenerscheinung, geringe Leistung und passive Resistenz waren alltäglich. Hunderte verließen die Massenquartiere, in denen neben oft katastrophalen sanitären und hygienischen Zuständen

Verpflichtungsdauer: Kriegsdauer, jedoch nicht länger
די דויער-צייט פון קאנטראקט: ביז'ן סוף מלחמה, אלענפאלס ניש
als .... Monate.
לענגער ווי .... מאנאט,

Verlängerung der Verpflichtung nach Vereinbarung.
דאס פערלענגערן פון דער פערפליכטונג קומט פאר לויט דער הסכמה
פון ביידע צדדים.

Tägliche Arbeitszeit: Tagesschicht .... Stunden
די טעגליכע ארבייט-צייט: טאג-ארבייט שעה

Nachtschicht .... Stunden
נאכט-ארבייט שעה

Tagelohn: .... Mk.
דער טאג-לוין מארק

Stundenlohn: Werktags .... Mk. Sonntags .... Mk.
שעה לוין: וואכענטעג מארק זונטאג מארק

Ueberstunden: .... Mk.
איבערשטונדען: מארק

Akkordlöhne (bei normaler Leistung täglicher Mindestver-
שטיק-לוין (ביי נארמאלער ארבייט דער מיניטום-פערדיענסט
dienst .... Mk.) ....
מארק

....

....

....

Lohnzahlung am ....
לוין אויסצאהלונג יעדען

Reisekosten von der Heimat bis zur Arbeitsstelle, sowie die Legitimationsgebühr trägt der Arbeitgeber.
רייזע-הוצאות פון דער היים ביז דעם ארבייטס-ארט ווי אויך
דער פאס-אבצאהל גהען אויפ'ן חשבון פונ'ם ארבייטגעבער.

Die Rückreise hat der Arbeiter selbst zu bestreiten.
די הוצאות פון צוריקפאהרען גהען אויפ'ן חשבון פונ'ם ארבייטער.

Wohnung mit Feuerung und Beleuchtung, Strohsack und wollener Schlafdecke frei.
וואוינונג, בעהייצונג און בעלייכטונג, א שטרויענער מאטראץ און
א וואלענע קאלדרע פריי.

Beköstigung aus der Werkskantine (Frühstück, Mittag, Abendbrot), wofür zu zahlen sind .... Mk.
פאר עסען פון דער פאבריק-קאנטינע (פריהשטיק, מיטאג, אווענד-ברויט)
צו בעצאהלען .... מארק.

Kranken- und Unfallversicherung wie für die deutschen Arbeiter, wogegen der gesetzliche Anteil zu den Versicherungsbeiträgen zu leisten ist. Diese übersteigen nicht ....% des Lohnes.
פערזיכערונג אויפ'ן פאל פון קראנקהייט און אונגליק-ציפאלען
אזוי ווי פאר די דייטשע ארבייטער, פאר וועלכע דער ארבייטער דארף
אריינטראגען דעם געזעצליכען אבצאהל. דער אבצאהל בעטרעפט
ניט מעהר ווי .... פראצענט פון לוין.

Familienversorgung: Vom Arbeitslohn werden einbehalten und durch die Fürsorgestelle der Deutschen Arbeiterzentrale an die unterstützungsberechtigten Familienangehöri-

Abb. 4 und 5: Arbeitsvertrag für ostjüdische Arbeiter der Deutschen Arbeiterzentrale (deutsch/jiddisch), Vorder- und Rückseite

keinerlei Raum für eine private Sphäre vorhanden war, geschweige, dass ein sozialer Schutz vor den antisemitisch motivierten persönlichen und körperlichen Angriffen durch andere ausländische Arbeiter – vor allem Polen – gegeben war.

Die deutschen Behörden sahen sich aufgrund der miserablen Arbeits- und Lebensbedingungen und angesichts der damit verbundenen massenhaften Verweigerungen veranlasst, gewisse Zugeständnisse zu

machen. Hinsichtlich der Löhne sollten die ausländischen Arbeiter den deutschen gleichgestellt, Beschimpfungen und Misshandlungen vonseiten der Arbeitgeber und Vorgesetzten nicht mehr gestattet werden. Ausdrücklich wurde das Beschwerderecht – zumindest auf dem Papier – eingeräumt.
Die in dieser Broschüre angeführten Klagen und Anträge jüdischer Arbeiter fanden sich allesamt im Dortmunder Stadtarchiv, Polizeiakten, Bestand 5, aus dem ausgiebig zitiert wird. Welchen Erfolg eine Beschwerde über die Arbeits- und Lebensbedingungen ostjüdischer Arbeiter hatte, zeigt folgendes Fallbeispiel: Am 7. Juni 1916 werden die ostjüdischen Dreher Hirsch Bäckerkunst und Chaim Fromsohn, beide auf der Dortmunder Union in der Abteilung Geschossneubau tätig, auf dem II. Dortmunder Polizeirevier vorstellig, um eine Beschwerde vorzutragen. Beide bewohnen in der Stadt ein Privatzimmer und befürchten, in die Werksbaracke zurückziehen zu müssen. Als sie im Herbst 1915 die Arbeit auf der Union aufgenommen hätten, so berichten sie, seien sie zunächst im Massenquartier untergebracht gewesen, hätten dieses jedoch nach wenigen Tagen wegen der „dort herrschenden Verhältnisse“ verlassen. Über die Zustände in der Baracke und die Verpflegung dort geben sie bei der Dortmunder Polizeibehörde Folgendes zu Protokoll: „In der Baracke ist es schmutzig,

es sind viele Mäuse da und vor allem ist das Essen schlecht. Die Speisen sind nicht gut gekocht und infolgedessen nicht schmackhaft; auch sind es keine nahrhaften Speisen. […] In der Baracke ist man in einzelnen Räumen zu 15 Mann zusammen, in anderen zu 20 Mann und auch zu 60 Mann; wer lesen, schreiben oder sonst was treiben will, wozu er der Ruhe und Sammlung bedarf, ist hierzu wegen des massenhaften Zusammenwohnens gar nicht in der Lage."
Ihr Privatquartier wollen sie, gleich anderen Arbeitskollegen auch, nicht aufgeben, um in die Baracke zurückzukehren.
Sie haben schlechte Erfahrungen mit dem Aufsichtspersonal gemacht. Ihre Angst vor Gewalt hat einen realen Hintergrund. „Dazu kommt, dass der in der Baracke wohnende Portier recht roh mit den Insassen umgeht", beklagen sie noch ganz allgemein, um dann die Brutalität des Quartierwirts näher zu beschreiben: „Wenn einer krank ist und zum Arzt will, läßt er ihn nicht hinaus, sondern nimmt ihn mit in ein besonderes Zimmer, verhaut ihn dort mit einer Gummiknute, hetzt auch wohl seinen Hund auf ihn und hält ihn auf solche Weise vom Verlassen der Baracke zurück. Wer sich abends verspätet und nach 10 Uhr noch in die Baracke will, wird in der Regel vom Portier geschlagen. Es ist deshalb oft vorgekommen, daß Arbeiter in solchen Fällen, um dem Geschlagenwerden zu

entgehen, einfach bis zum anderen Morgen draußen geblieben sind."

Sie führen weitere konkrete Fälle an, deren Einzelheiten ihnen zu Ohren gekommen seien. Die Beispiele sprechen für sich: „Dem Dreher Abraham Sußmann wurde, als er an einem Sonntagmorgen etwas später aufstand, das Frühstück verweigert; als er trotzdem darum bat, wurde er von dem Koch der Baracke so verhauen, daß er 12 Tage krank gefeiert hat." Ein anderer Fall: „Dem Arbeiter Moritz Welt ging es bei einer gleichen Gelegenheit ebenso. Der Portier hat ihn beschimpft und geschlagen, seinen Hund auf ihn gehetzt und als er am Boden lag, mit einer Knute verhauen."

Der Dortmunder Polizeikommissar, nach eigener Aussage mit den Verhältnissen genau bekannt, fertigt einen Bericht über die Vorwürfe an, die die beiden ostjüdischen Arbeitersprecher vorbringen. „Der Beschwerdeführer Hirsch Beckerkunst [sic!] ist nach Angabe des Rabbiners Dr. Jacobs ein Volksredner und großer Aufwiegler, vor dem gewarnt und dessen Fernhaltung von seinen jüdischen Glaubensgenossen, die in der Baracke untergebracht sind, empfohlen wurde", lautet die gutachterliche Vorbemerkung des polizeilichen Untersuchungsberichts, der im Folgenden wenig Positives über die insgesamt achtzig jüdischen Insassen zu berichten weiß. Eben die Juden seien es, die trotz ständiger Reinigung die Baracke immer wieder verschmutzten, Fußboden, Schränke und Türen mit Essensresten verunreinigten und sogar ihre Wurstrationen in den Stuben zertreten. Insgesamt sei ihre Moral beklagenswert. Während die 175 russisch-polnischen Arbeiter [„Christen"] reinlich seien und regelmäßig arbeiteten, bummelten die Ostjuden tagelang, trieben sich in der Stadt umher, wo sie Kinos und Freudenhäuser besuchten. Um allen Ausschweifungen vorzubeugen, werde das Portal der Baracke der „Ordnung halber" um 22 Uhr abgeschlossen.

Abschließend heißt es in einer weiteren polizeilichen Stellungnahme mit unverblümtem Antisemitismus: „Ich bin überzeugt, daß die Beschwerde der pp. Bäckerkunst und Fromsohn jeder Begründung entbehrt" und die beiden Beschwerdeführer sich große Mühe gäben, die an und für sich schon „aufrührerische, arbeitsunwillige und schmutzige jüdisch-polnische Gesellschaft" noch mehr aufzuwiegeln. Die folgerichtige Empfehlung lautet dann auch: „Ich bitte die Beschwerdeführer glatt abzuweisen".

Der Lohn

Auf einigen Zechen waren ausländische Arbeiter in den ersten Wochen nach ihrer Ankunft niedriger entlohnt worden als die deutschen. Daraufhin kam es zu Beschwerden über die Lohnzahlungen. Aber es waren nicht die ungleichen und niedrigen Löhne allein, die Unzufriedenheit unter die ostjüdischen Arbeiter trugen. Dazu kam die ständige Kontrolle, die sie zu abhängigen und unmündigen Arbeitssklaven degradierte: Lohnzahlung bzw. Lohneinbehaltung wurde durch Vermittlung der Polizeibehörden vollzogen. Das Verfügungsrecht über den verdienten Lohn lag bei den Arbeitgebern.

Bereits der Start in das neue Arbeitsverhältnis erforderte von manchem Arbeiter eine unerwartete und unvorbereitete Einschränkung. Das Unternehmen legte das Reisegeld – Reisevorschüsse, Verpflegungskosten, Zehrgelder sowie die Legitimierungsgebühren – bis zur Arbeitsstelle als „Lohnvorschuss" aus. Die Dortmunder Gewerkschaft Dorstfeld zahlte den ostjüdischen Arbeitern laut Arbeitsvertrag dieselben Löhne wie den inländischen Arbeitern – allerdings bei *gleicher* Arbeitsleistung. Was diese Einschränkung bedeutete, mussten die meisten von ihnen bei der ersten Löhnung feststellen. Die Lohnzahlung erfolgte zweimal im Monat. Von der Löhnung wurden zur Unterstützung der in Polen zurückgebliebenen Angehörigen je nach Größe der Familien bis zu 50 Prozent des Lohns von der Lohnbuchhaltung einbehalten und an das Arbeitsamt des zuständigen Polizeipräsidiums im besetzten Gebiet überwiesen.

Der Düsseldorfer Rabbiner Max Eschelbacher bezeugt, dass die Lohnhöhe der gelernten ostjüdischen Industriearbeiter gut war, vor allem wegen der Zulagen für Sonntagsarbeit und bei geleisteten Überstunden. Im Akkord waren die Löhne entsprechend noch höher. Familienväter bezogen eine Kinderzulage von 12 Mark monatlich für jedes Kind. Für sich allein, so die Feststellung Eschelbachers, hätte jeder gut auskommen können. Die Lebenswirklichkeit sah indes anders aus: „Jedoch hatten viele für Weib und Kind zu sorgen und die meisten für Eltern oder Geschwister, und stets kamen aus Polen flehentliche Briefe um Geld, weil man dort Hungers sterbe. Da haben denn auch alle im reichsten Maße von ihrem Verdienst abgegeben. Ihr Stolz waren die Posteinzahlungsscheine, die sie immer bei sich trugen […]“.

Aber es gab auf der anderen Seite jüdische Familienväter, die wenig oder nichts nach Hause schickten. Julius Berger, Leiter der Jüdischen Abteilung der Deutschen Arbeiter-Zentrale in Warschau, berichtete von Frauen, die in der Jüdischen Abteilung vorsprachen und von ihren in Deutschland arbeitenden Männern verlassen worden waren, die sich auf die Ungültigkeit der Ehe beriefen, da die Trauung nur rituell geschlossen worden war.

Antisemitismus am Arbeitsplatz

Ostjüdische Arbeiter sahen sich einem alltäglichen Antisemitismus am Arbeitsplatz ausgesetzt. Dabei konnte die antisemitische Bedrohung von den Arbeitskollegen – wobei zwischen deutschen und ausländischen Arbeitern zu unterscheiden ist –, von den Arbeitgebern selbst oder in Gestalt der Betriebsvorgesetzten, der Personalbüros oder des Bewachungspersonals in den Barackenquartieren und schließlich von der örtlichen Polizeibehörde ausgehen. Und es waren zumeist die polnischen Arbeiter, die an den jüdisch-polnisch-russischen Arbeitsgenossen einen ihnen aus ihrer Heimat so tief verwurzelten Antisemitismus ausließen. Ein im Wortsinn schlagendes Beispiel schildert Rabbiner Eschelbacher, der die Verhältnisse in den Massenquartieren der rheinischen Großbetriebe gut kannte. Seinen ersten Besuch als Seelsorger in einer Arbeiterbaracke beschreibt er so: „Als ich zum erstenmal in eine solche Scheune kam, klagte mir ein junger Jude, er habe Tefillin [Gebetsriemen; L. J. H.] legen wollen, aber ein Pole habe sie ihm vom Kopf geschlagen […]. Während wir noch miteinander redeten, kam aus dem Hintergrund ein Krach und Schrei. Ein Pole hatte den andern niedergeschlagen. Die anderen wandten kaum den Kopf, das Schauspiel war ihnen vertraut. Aber wohl fühlten sie sich in dieser Umgebung nicht."

Der Essener Rabbiner Salomon Samuel wusste in einem Artikel – eine weit verbreitete rhetorische Frage eines deutsch-völkischen Agitatoren aufgreifend – in der „Essener Arbeiter-Zeitung" davon zu berichten, dass besonders polnische Bergleute ihre Judenfeindschaft auch noch 800 Meter unter die Erde mitnahmen und mit Vorliebe ihre jüdischen Kumpel misshandelten.

Das Verhältnis der deutschen Arbeiter zu den ostjüdischen Arbeitskollegen war zwar nicht ohne Spannungen, konnte es wohl auch nicht sein, besserte sich jedoch, als die neuen Arbeitsgenossen den Gewerkschaften beitraten und damit unterstrichen, dass sie sich nicht als Lohndrücker und Streikbrecher verwenden lassen wollten. Eine im August und November 1921 vom Jüdischen Arbeiterfürsorgeamt bei Einzelgewerkschaften durchgeführte Rundfrage über das Verhältnis zwischen deutschen und ostjüdischen Arbeitern an ihren Arbeitsstätten zeigte nicht einen einzigen Beschwerdefall über „Unkameradschaftlichkeit". Klagen über das „kulturelle" und „hygienische"

Leben der Ostjuden wurden ebenfalls in keinem einzigen Fall laut. Gewiss gab es auch einzelne Fälle von Antisemitismus bei deutschen Arbeitern, wie sie in anderen Gesellschaftsschichten stark verbreitet waren. Der Bergarbeiter Alphons Stiller, der seit 1920 auf der Castrop-Rauxeler Zeche „Ickern" als Bremser unter Tage arbeitete, erinnert sich an einen Arbeitskollegen, der aufgrund der Tatsache, dass er Jude war, ständig diskriminiert wurde. Für die deutschen Kumpel war er nur der „Stinkjud", mit dem man machen konnte, was man wollte. Ihm wurde auch schon mal eine tote Maus auf die Brotstulle gelegt.

Ein Beispiel beeindruckender Solidarität mit den ostjüdischen Arbeitern gab die sozialdemokratische „Oberhausener Volksstimme", die sich am 2. Februar 1920 mit einem Artikel „Verwerft den Rassenkampf" der maßlosen Hetze der Rechtspresse entgegenstellte. Die zugewanderten Ostjuden charakterisierte das Blatt folgendermaßen: „Es sind Arbeiter, Proletarier, die nur ihre Arbeitskraft besitzen und die unter Mühsal und furchtbaren Entbehrungen den Schrecken polnischer Judenpogrome und der Qual des Militärdienstes in dem antisemitisch durch und durch verseuchten polnischen Heere entronnen sind, um sich Arbeit zu suchen." Die deutsche Arbeiterschaft würde es niemals zulassen, hieß es in der „Volksstimme", dass man ihre „jüdischen Arbeitsbrüder" für Elend

oder Verbrechen verurteile: „Kein deutscher Arbeiter darf die Verleumdung glauben“, stellte die Zeitung klar, „daß die jüdischen Proletarier, die als Bergleute, Schlosser, Schneider, Schmiede, Tischler oder als ungelernte Arbeiter neben ihm gearbeitet haben, irgend etwas mit Schiebern oder Kriegsgewinnlern zu tun haben.“
Ein anderes Beispiel ist die Intervention des Essener Bergarbeitergewerkschaftlers Heinrich Limbertz, der die behördlichen Schikanen gegenüber den ostjüdischen Arbeitern am 17. Juni 1922 im Preußischen Landtag zur Sprache brachte. Vorausgegangen war eine Anweisung des Düsseldorfer Regierungspräsidenten, unter Androhung sofortiger Ausweisung rigoros gegen solche Ostjuden vorzugehen, deren Legitimationspapiere nicht den formalen Vorschriften entsprächen. Der Bemerkung des Regierungspräsidenten, die Ostjuden könnten nicht als „wünschenswerte Bevölkerungselemente“ angesehen werden, widersprach Limbertz heftig und verwies auf die Zehntausende ostjüdischer Arbeiter, die in den Fabriken und Bergwerken des Ruhrgebiets „schufteten“.

Arbeitgeberurteile

Werner Fraustädter, der eine Zeitlang das Jüdische Arbeiterfürsorgeamt in Duisburg leitete, führte im September 1920 im Rahmen seiner Dissertation über die ostjüdische Arbeitereinwanderung eine Umfrage bei einer bedeutenden Anzahl von Betrieben durch, die ostjüdische Arbeiter beschäftigten, um die Einstellung der Arbeitgeber zu ihren jüdischen Arbeitern zu erfahren. Im Durchschnitt war die Bewertung des einzelnen Arbeiters fast stets günstig, das im Allgemeinen gefällte Urteil dagegen häufig ungünstig. Die negative Einschätzung stand im Zusammenhang mit der heftigen politischen Agitation gegen die Anwesenheit der Ostjuden in Deutschland, beruhte also auf einem antisemitischen Motiv. Eine antisemitische Tendenz verrät allzu deutlich das Urteil der Duisburger Hoch- und Tiefbaufirma Peter Fix Söhne und spricht für sich: „Wir haben gefunden, daß die Ostjuden im allgemeinen arbeitsscheu, schmutzig, feige, aber verschlagen sind."
Als weiteres Beispiel für ein negatives Urteil, das selbstbewusst rechtsradikale Töne äußert und offen antisemitische Gründe nennt, steht das Dortmunder Eisenwerk Hugo Brauns, das übrigens niemals selbst ostjüdische Arbeiter beschäftigt hat: „Die zahllosen ostjüdischen Leute, die unverständlicherweise durch

die Vermittlung Berliner Behörden hier im Lande herumlungern, oder mit allerhand Sachen Handel treiben, sind als Arbeiter nicht zu gebrauchen und werden daher auch in den Fabriken aus diesem Grunde nicht eingestellt“, antwortete der Firmenchef auf Nachfrage und fuhr fort: „Es ist gänzlich unverständlich, daß Berlin bei der gegenwärtigen Arbeitslosigkeit solche Leute in derartiger Anzahl in das Land hineinläßt, und beweist Berlin dadurch wieder, daß es mit Recht die Pestbeule Deutschlands genannt wird.“ Die Urteile über die Brauchbarkeit ostjüdischer Arbeiter in der deutschen Industrie waren von Anfang an sehr unterschiedlich. Die Leistungsbewertungen waren stets subjektiv, oft emotional. Wenn der eine Unternehmer Einsatzfreude, Geschicklichkeit oder Bescheidenheit lobte, wurde eben der Mangel an diesen Eigenschaften vom anderen Arbeitgeber getadelt, wobei er seine Kritik nicht einmal antisemitisch zu bekräftigen brauchte. Die Harpener Bergbau A. G., Zeche Amalia, erklärte, ihre jüdischen Arbeiter seien „fleißig und arbeitswillig“, die Gewerkschaft Friedrich Thyssen bescheinigte ihnen, dass sie „regelmäßig arbeiten“, die Rheinisch-Westfälische Bauindustrie, Duisburg, schrieb, dass die jüdischen Arbeiter den an sie gestellten Ansprüchen betreffs Regelmäßigkeit der Arbeit und der Leistung „voll und ganz“ nachkämen, und der Bochumer Verein für Bergbau- und

Gußstahlfabrikation nannte sie „willig und pünktlich".

Weitgehende Einigkeit bestand in der Feststellung, dass die Mehrzahl der Ostjuden in einem körperlich desolaten Zustand war.

Es ist nicht weiter verwunderlich, dass die ersten Urteile über die „Brauchbarkeit" der ostjüdischen Arbeiter durchweg negativ ausfielen. Über die Erfahrungen mit ostjüdischen Kriegsarbeitern im rheinisch-westfälischen Industriegebiet, die mit einem Transport am 16. Juli 1915 auf der Bochumer Zeche „Julius Philipp" eintrafen, liegt ein Bericht vor. Der Bochumer Polizeipräsident, in dessen Beurteilung subjektive Ressentiments mitschwingen, beklagte, dass die angekommenen „russischen Juden" Unzufriedenheit unter die Arbeiterschaft trügen: „Sie fingen an", so der Polizeipräsident, „sich über das Essen zu beschweren, beklagten sich über die Schlafstellen [...] und weigerten sich schließlich überhaupt zu arbeiten." Auch aus der Bevölkerung seien Klagen laut geworden, die Juden trieben sich „bettelnd" umher und versuchten, „Mitleid zu erregen", indem sie ihre Unterbringung und Verpflegung als „menschenunwürdig" bezeichneten. Auch versuchten sie, mit Frauen und Mädchen „anzuknüpfen". Er bezeichnete es als einen großen Fehler, dass russische Juden nach Deutschland gebracht worden seien, denn: „Fast alle waren schwächliche

Personen, die für die Arbeit in der Grube überhaupt nicht in Frage kommen."

Damit hatte er die gängige und in Arbeitgeberkreisen weitverbreitete Meinung über Ostjuden als Industriearbeiter formuliert und bekräftigte sein Urteil mit weiteren Negativbeispielen: „Wie mir berichtet, sind 13 geschlechtskrank und bei mehreren Läuse festgestellt. Einige hatten schwere Brüche, waren augenleidend, einer war 57 Jahre und sehr gebrechlich [...]."

Der Polizeipräsident plädierte für den Rücktransport der Arbeiter, befürchtete allerdings, dass diese erneut versuchen würden, sich nach Deutschland anwerben zu lassen. Dies müsse unter allen Umständen verhindert werden, meinte er mit antisemitischer Entrüstung, da Juden „nach Volkscharakter und Körperbeschaffenheit sich nicht zu schwerer Arbeit eignen".

Religiöse Aspekte

Bei den Verhandlungen, die der systematischen ostjüdischen Arbeitervermittlung nach Deutschland vorausgingen, war von den Vertretern der Deutschen Arbeiter-Zentrale immer wieder betont worden, man wisse, dass die Ostjuden den Sabbat halten wollten und rituelles Essen verlangten. Der Sprecher der deutschen Zionisten, Arthur Handke, hielt dem entgegen, dass es bei den ostjüdischen Arbeitern auf die „konfessionellen Rücksichten" gar nicht ankomme, denn: „Die Arbeiter, um die es sich handele, seien schließlich auch nur zu einem Teil im konfessionellen Sinne orthodox." Die Eigentümlichkeiten, von denen die Rede sei, seien „sozial-nationaler Art".

Zweifel an der religiösen Lebensführung ostjüdischer Arbeiter wurden auch von orthodoxer Seite geäußert. Bei einer vorbereitenden Komiteesitzung zur Gründung des Jüdischen Arbeiterfürsorgeamtes am 9. Oktober 1917 in Berlin rechnete Rabbiner Ezra Munk von vornherein mit Enttäuschungen, denn er erwartete, dass „angeblich orthodoxe" Arbeiter durch die Aussicht auf höhere Löhnung auch am Sabbat zu arbeiten gewillt wären. Dabei sei nicht zu übersehen, so Munk, dass es sich bei den ostjüdischen Arbeitern um Glaubensgenossen handele, deren „sittliche Lebensauffassung und sittliche Lebensführung" ausschließlich in dem „überlieferten Glauben und in der Treue zu demselben“ wurzele. Die in der ostjüdischen Arbeitervermittlung tätigen Vertreter mussten jedoch sehr bald erkennen, dass die Unternehmen nur selten bereit waren, auf die Forderungen nach Sabbatruhe und ritueller Verpflegung einzugehen. Julius Berger hat das scheinreligiöse Verhalten einiger Ostjuden sehr früh durchschaut und war in Sorge, dass ihnen „irgendwelche orthodoxen Schrullen“ in den Kopf gesetzt worden waren.

Der jiddisch schreibende Schriftsteller David Einhorn, der Lesungen und Vorträge vor ostjüdischen Arbeitern im rheinisch-westfälischen Industriegebiet hielt, machte andere Beobachtungen, als er schrieb: „Für die orthodoxen Juden ist der jüdische Arbeiter ein sonderbares Geschöpf. Er schämt sich nicht seines Jüdischseins, ist stolz auf seine Sprache und raucht am Schabath Zigaretten und ißt unreine Speisen. Wie man am Schabbath Zigaretten rauchen und jüdische Kulturvereine gründen kann, das kann ein deutscher orthodoxer Jude nicht begreifen.“

Bei einer statistischen Erhebung unter den ostjüdischen Arbeitern im industriellen Großraum Duisburg war den Ostjuden vom dortigen Arbeiterfürsorgeamt die Frage vorgelegt worden, welche Schule sie besucht hätten. Auch wenn die Umfrage nur 118 Personen betraf und sich aus den Aussagen keine allgemeinen Schlussfolgerungen ableiten lassen, geben die Antworten Hinweise zur religiösen Sozialisation. Mehr als 42 Prozent der Befragten hatten in einer religiösen Schule gelernt, 48 Prozent waren im Cheder, in einer Jeschiwa oder Talmud-Thora-Schule gewesen, zwei Ostjuden hatten ein hebräisches Gymnasium absolviert.

Zwar hatte sich die Mehrheit der ostjüdischen Arbeiter von den überlieferten Bindungen an den Glauben im alltäglichen Leben in der Fremde gelöst, doch ließen sich Reste von Jüdischkeit nicht so ohne weiteres abstreifen. Werner Fraustädter hat das jüdische Spezifikum treffend beschrieben: „Nach unseren Erfahrungen", meinte er 1920, „findet man in der jüdischen Arbeiterschaft sämtliche Strömungen und Geistesrichtungen der europäischen Kultur und der deutschen Arbeiterbewegung wieder; im ganzen aber spielt doch die religiöse Tradition und damit ein konservativerer Grundton eine größere Rolle als in den übrigen proletarischen Gruppen Europas."

Dem Düsseldorfer Rabbiner Max Eschelbacher, der als Seelsorger zahlreiche ostjüdische Arbeiter im Rheinland betreute, bereitete das „labile" Verhältnis dieser Proletarier zum Judentum „große Sorgen". Er beklagte, dass sie dem religiösen Leben fremd gegenüberstünden. Er führte dies auf deren Affinität für den Sozialismus zurück. Eschelbacher lernte nur einzelne fromme Juden kennen, die allerdings die Gemeindesynagogen mieden, da ihnen Chor, Orgel und der ihnen fremde Ritus nicht zusagten. Seinen religiösen Alltag mit ostjüdischen Arbeitern beschreibt er so: „Den Rabbiner suchen sie zwar alle Tage auf, aber sie sahen in ihm mehr eine Art von jüdischem Konsul, um nicht zu sagen einen Arbeitervertreter. In ihrer Lesehalle sollte ein tägliches Minjan [die zur Abhaltung eines Gottesdienstes vorgeschriebene Anzahl von zehn männlichen Personen; L. J. H.] eingerichtet werden. Der Plan tauchte in ihrer eigenen Mitte auf, scheiterte aber an dem entschiedenen Widerstand der Mehrheit. Ihre Wortführer meinten, es seien ‚viele Freigeister' da, und wenn man etwas erreichen wolle, möge man es allenfalls mit der Verkündigung national-jüdischer Gedanken versuchen. Religiöse Ideen aber solle man [...] aus dem Spiele lassen." Rabbiner Eschelbacher konnte sich in persönlichen Gesprächen immer wieder vom großen jüdischen Wissen dieser Arbeiter überzeugen, das er umfangreicher einstufte als das der deutschen Juden. Auf Kulturveranstaltungen beeindruckten ihn die religiösen Kenntnisse und die jüdisch-literarische Bildung der Ostjuden, wenngleich er bedauerte, dass dieses Wissen keineswegs der praktizierten Lebensführung entsprach, wie er sie sich wünschte.

Allgemein lässt sich feststellen, dass der Großteil der ostjüdischen Arbeiter mit dem Grenzübertritt auch mit den traditionellen religiösen Bindungen brach. Zwar forderten die in der Arbeitsvermittlung engagierten jüdischen Stellen – religiös indifferente Zionisten und Orthodoxe – von den Arbeitgebern immer wieder religiöse Zugeständnisse, doch waren Sonderregelungen für jüdische Arbeiter im industriellen Arbeitsalltag kaum durchzuführen. Wie sollte im Schichtbetrieb der Rüstungsproduktion beispielsweise eine Sabbatruhe organisiert werden, ohne sich gegenüber den übrigen Arbeitern dem Vorwurf einer Bevorzugung auszusetzen? Das gleiche galt für die rituelle Verpflegung. Auf eine diesbezügliche Rundfrage der Deutschen Arbeiter-Zentrale in Warschau im Januar 1917 berichteten zahlreiche Firmen, dass die dort beschäftigten ostjüdischen Arbeiter keinerlei Wünsche nach ritueller Verpflegungskost oder Sabbatruhe geäußert hätten und sich den deutschen Arbeitsverhältnissen widerspruchslos fügten, ja, sie hätten sogar an den „jüdischen hohen Feiertagen“ gearbeitet. Ein Berliner Unternehmen begründete dieses Verhalten gar mit jüdischen Glaubenssätzen, wonach es den Juden in Kriegszeiten erlaubt sei, von strengen religiösen Vorschriften abzuweichen.
Die ostjüdischen Zuwanderer waren in aller Regel unverheiratete, junge Männer, viele von ihnen erklärte

sozialistische Zionisten, für die Religion nebensächlich war. In Polen und Russland hatten sie sich noch der traditionellen strengen religiösen Erziehung des Elternhauses und des Schtetls gebeugt, die einen Bruch mit der Religion der Väter nahezu ausschloss. Erst mit dem Verlassen der Heimat konnte sich eine Loslösung vollziehen, ging das religiöse Zugehörigkeitsgefühl nach und nach verloren. Religiöse Rücksichten spielten bei den materiellen Entschlüssen der um ihre Existenz kämpfenden ostjüdischen Arbeiter keine große Rolle. Das religiöse Studium, beobachtete Fraustädter, verlor unter den ostjüdischen Arbeitern fast jede Bedeutung. Die Kenntnis des biblischen Hebräisch nahm rapide ab, religiöse Gebote und Verbote wurden nur noch von einzelnen eingehalten, die Speisegesetze nicht mehr befolgt und die Synagoge bzw. der eigens für und von Ostjuden errichtete Betsaal, das Schtibl, höchst selten betreten.

Ob es vorgeschobene religiöse Motive waren, die ostjüdische Arbeiter als Urlaubsgrund angaben, weil sie hofften, dass bei Behörden und Firmen religiöse Gründe am ehesten für ein Gesuch akzeptiert würden, sei dahingestellt. Gewiss bestanden jedoch bei einigen ostjüdischen Arbeitern religiös-traditionelle Bindungen, die sich aus zahlreichen Urlaubsgesuchen herauslesen lassen. Die religiösen Feiertage im

Kreise der Familie begehen zu wollen, gaben viele als Urlaubsgrund an.

Kost- und Schlafgänger

Ostjuden mussten mit anderen ausländischen Arbeitern – in der Regel mit Polen – in Massenquartieren wohnen. Die Baracken standen auf dem Werksgelände und wurden überwacht. Die Wohnbedingungen waren menschenunwürdig, die sanitären Verhältnisse katastrophal und Ursache gefährlicher

Abb. 6 und 7: Arbeiterbaracken, außen und innen

Infektionskrankheiten. Die Baracken waren zugig und schlecht beheizt, das Essen – kriegsbedingt mit vielen Surrogatstoffen ohnehin dürftig und geschmacklos – für körperlich schwer Arbeitende unzureichend. Platz für eine Intimsphäre in Räumen, die mit bis zu sechzig Männern belegt waren, war nicht vorhanden. Dazu kam die ständige Kontrolle durch einen „Baracken-Portier", der sein Hausrecht mit Gummiknute, Faust und Hund ausübte. Viele Ostjuden waren bestrebt, diesen unwirtlichen Quartieren zu entfliehen, um in der Stadt als Kost- und Schlafgänger Unterkunft zu finden.

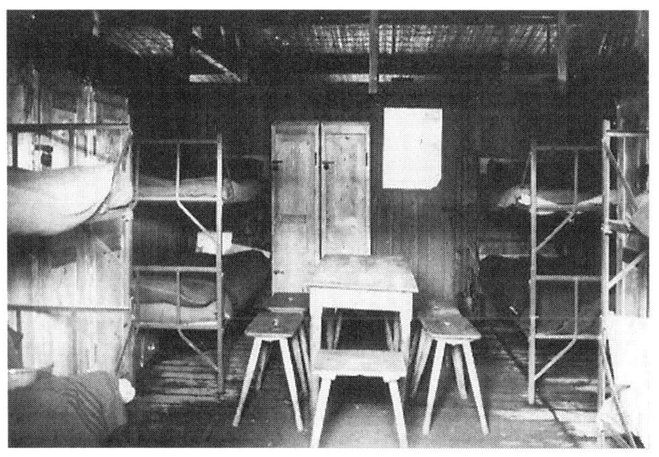

Abb. 6 und 7: Arbeiterbaracken, außen und innen

Am 10. September 1917 reicht der polnisch-jüdische Arbeiter Baruch Antaber, nachdem er aufgefordert worden war, in die Baracke zurückzuziehen, bei der Wohllöblichen Kriminal-Inspektion, Abt. Politische Polizei in Dortmund ein Gesuch auf Genehmigung zum Verbleib in seiner jetzigen Privatwohnung ein. Er begründet dies mit dem Hinweis, er könne sich infolge des andauernden Lärms in der Baracke nicht genügend für seine schwere Wechselschichtarbeit ausruhen – schließlich sei er 52 Jahre alt und bedürfe entsprechender Ruhe. Er wohne jetzt bereits ein Jahr außerhalb der Baracke, habe sich nie etwas zuschulden kommen lassen und werde auch zukünftig keinen Anlass für ein polizeiliches Einschreiten geben.
Der Dortmunder Polizei-Sergeant Jacob Bovekamp sieht keinen Grund, das Gesuch zu genehmigen und weist den Antrag mit Rücksicht auf die übrigen Polen zurück. Antaber weigert sich ganz entschieden, in die Baracke zurückzukehren und kündigt gleichzeitig an, er werde bei einer zwangsweisen Rückführung wiederum in die Privatwohnung ziehen. Dennoch wird Antaber zwangsweise in die Arbeiterbaracke der Rüstungsfirma Union zurückgebracht und es wird ihm eröffnet, dass er bei zukünftigen Widersetzlichkeiten mit seiner Überführung in ein Gefangenenlager rechnen müsse. Antaber lässt nicht locker und reicht ein weiteres Gesuch ein, außerhalb des Barackenlagers

wohnen zu dürfen. Diesmal führt er andere Gründe an: Er liege ganz allein zwischen anderen Ausländern, deren Sprache er nicht verstehe und deren Sitten den seinigen völlig fremd seien. Die Mitbewohner stünden ihm feindlich gegenüber und hätten ihm unlängst verschiedene Gegenstände entwendet. Er leide körperlich und seelisch unter diesen Bedingungen und bitte inständig, gleich den anderen jüdischen „Volksgenossen", in der Stadt Wohnung nehmen zu dürfen. Sein früherer Verstoß gegen die Meldevorschriften sei Folge seiner Unkenntnis gewesen, was er bedauere und zukünftig ausschließe.

Wieder war Sergeant Bovekamp mit der Bearbeitung befasst und seine Abneigungen und antisemitischen Ressentiments gegen den jüdischen Gesuchsteller Antaber lässt er ungeschminkt in seine gutachterliche Bewertung einfließen: „Der Antragsteller gehört zu den eingeführten polnisch-jüdischen Arbeitern u[nd] zwar zu den unsaubersten. Er hatte die Baracke ohne Genehmigung verlassen u[nd] wohnte bei der galizischen Jüdin Kraushaar Ickestr. 3." Der Beamte hebt hervor, dass Antaber bereits zweimal zwangsweise der Baracke hätte zugeführt werden müssen, sich jedoch jedes Mal sofort wieder entfernt habe. Auch gegenwärtig, so der Sergeant, befände sich Antaber nicht in der Baracke und halte sich vermutlich wieder „bei der Jüdin" auf. In der letzten Zeit seien im Übrigen eine Menge Ausländer aus der Baracke verschwunden. Er empfehle deshalb, ein weiteres Umsichgreifen des Privatwohnens der Ostjuden mit Rücksicht auf die „gesundheitliche, sittliche u[nd] auch wirtschaftliche Gefahr" nicht länger zu dulden. Die Polizeiverwaltung lehnt Antabers Antrag ab. Als die Polizei ihn in die Baracke zurückbringen will, treffen sie ihn in der Privatwohnung, Ickestr. 3, nicht an. Offensichtlich weiß Baruch Antaber keinen anderen Ausweg mehr. Er taucht unter und begibt sich in die Illegalität.

Am 20. Dezember 1915 richtet der russische Staatsangehörige Abraham Jakob Awes, geboren am 18. April 1888 in Kramonow/Polen, an das stellvertretende Generalkommando in Münster ein Gesuch wegen Übersiedlung seiner Familie nach Dortmund. Die Familie, das sind Ehefrau Rachel Deborah Semel und die Kinder Joseph Chaim und Leib Viktor, alle wohnhaft in Warschau, Paviastr. 74. Awes führt an, seit November 1915 auf dem Eisenwerk Union als Arbeiter beschäftigt zu sein und mit seinem Verdienst die Familie nur dann unterhalten zu können, wenn sie auch zusammenwohne. Gegenwärtig verbrauche er für Kost und Logis so viel, dass er nur einen Bruchteil seines Lohnes für die Familie erübrigen könne.

Der Dortmunder Polizei-Kommissar verfasst folgende Randbemerkung: „Awes ist Jude, er u[nd] seine Familie sind nicht deutscher Abstammung. A. arbeitet auf der Union u[nd] verdient dort bis zu 6,50 M[ark] angeblich." Aufgrund dieser Feststellungen kommt der Beamte zu folgender Empfehlung: „Russische Juden hier dauernd ansässig zu machen, kann nicht befürwortet werden, ich bitte den Antrag abzulehnen." Awes ist gezwungenermaßen in der Werksbaracke der Union zurückgekehrt. Auf dem Eisenwerk verunglückt er bei einem Arbeitsunfall schwer. Im Krankenhaus der „Barmherzigen Brüder" müssen ihm die Ärzte den rechten Arm amputieren. Am 14. März 1917 wird er aus dem Hospital entlassen, kehrt jedoch nicht in das Massenquartier zurück. Er richtet an die Dortmunder Polizeiverwaltung das Gesuch, in der Stadt Privatlogis nehmen zu dürfen, da er zum Essen und Ankleiden fremde Hilfe benötige. Diesmal erhält er die polizeiliche Genehmigung und wohnt als Kostgänger in der Stadt. Über das weitere Schicksal des Abraham Awes findet sich ein statistischer Aktenvermerk, dass er aufgrund einer Verfügung der Polizeiverwaltung Dortmund am 20. Januar 1922 aus Deutschland ausgewiesen worden ist.

Arbeiterkulturvereine

Die ostjüdische Arbeiterkulturbewegung im Ruhrgebiet schlug sich in einer umfangreichen Vereinstätigkeit wie Lese-, Vortrags- oder Diskussionsabende, Sprach- und Bildungskurse, Theaterzirkel und vielem mehr nieder. Ostjüdische Arbeiter hatten ein grundsätzliches Bedürfnis, sich kulturell zu betätigen. An Versuchen, Kulturvereine zu gründen, hat es auch während des Krieges nicht gefehlt. Aber erst seit 1920 lässt sich von einer ostjüdischen Arbeiterkulturbewegung im rheinisch-westfälischen Industriegebiet sprechen. Ostjüdische Arbeiterkulturvereine gab es in den Ruhrgebietsstädten Essen, Bochum, Dortmund, Herne und Gladbeck. Vereinszweck war die Hebung des geistigen und kulturellen Niveaus der ostjüdischen Arbeiter durch ein reges und vielseitiges Vereinsleben, Weiterbildungsveranstaltungen oder Abonnements ausländischer Zeitungen. 1920 gelang im Ruhrgebiet der Zusammenschluss größerer ostjüdischer Arbeiterkulturvereine zum „Verband Jüdischer Kulturvereine von Rheinland und Westfalen" mit Sitz in Duisburg. Die Mitgliederzahl der Duisburger Ortsgruppe lag bei ca. zweihundert, die der Dortmunder bei ca. sechzig, wobei sich ihr Einfluss über den Verein hinaus auf die gesamte jüdische Arbeiterschaft erstreckte. Die praktische Vereinsarbeit war entsprechend der Satzungen dezidiert unpolitisch und religiös neutral. Damit sicherte der Verband zwar sein Fortbestehen unbehelligt von polizeibehördlicher Beschränkung, verpasste aber zugleich die Chancen, eine Partizipation an der Gewerkschaftsbewegung zu erreichen und die arbeitsrechtliche und soziale Lage der ostjüdischen Proletarier abzusichern bzw. zu verbessern.

Im Gegensatz zur allgemeinen Arbeiterkulturbewegung war ostjüdisches Vereinswesen kein Instrument einer Akkulturation an die deutsche Umgebungsgesellschaft. Ohnehin nur auf einen Zwischenaufenthalt in Deutschland eingerichtet, bestand für ostjüdische Arbeiter gar nicht die Notwendigkeit einer dauernden Eingewöhnung.

Die Aufgaben des Verbandes waren: Vereinigung aller jüdischen Arbeiterkulturvereine Rheinland-Westfalens; Gründung von Ortsvereinen; Organisierung von „Kulturunternehmungen“ wie Vorlesungen und Kursen im überregionalen Rahmen; Herausgabe eines Mitteilungsblattes; Durchführung von Abendkursen, die eine allgemeine Aufklärung über die wichtigsten Probleme innerhalb der Arbeiterbewegung zum Gegenstand haben sollten; Erlernen von literarischen und musikalischen „Unternehmungen“, um dadurch eine dramatische Gruppe beim Verband aufzubauen; Errichtung einer „Wanderbibliothek“, um die angeschafften Bücher unter den einzelnen Verbandsmitgliedern zu verteilen. In einer besonderen Bemerkung nahm sich der Verband das Recht, die künstlerische Einrichtung jeder Ortsgruppe wie die dramatischen Gruppen, Chor usw. wie auch einzelne Darsteller für überregionale Veranstaltungen abzurufen.

Arbeiter Zions – Poale Zion

Die Poale Zion besaß angesichts des Scheiterns der sozialistischen Utopie in mancher Hinsicht eine kompensatorische Funktion: Die ostjüdische Arbeiterkultur konnte ihre Anhänger eine „realistische" Utopie anbieten – durch den Zionismus den Sozialismus in einem eigenen jüdischen Staat verwirklichen. Verkürzt ausgedrückt, wollte der zionistische Sozialismus den Juden der Diaspora von seinem zum Scheitern verurteilten assimilatorischen Judentum „erlösen", um ihn durch Produktivierung in Palästina als neuen Menschen wiederauferstehen zu lassen. Insofern verkehrte der zionistische Sozialismus das antisemitische Bild des Juden, das ihn auf eine Metapher der Zirkulation reduzierte, indem er ihm das Bild des tätig-produktiven Juden entgegenstellte – den Juden als Arbeiter und Bauern. Die nationale Idee des Zionismus verknüpfte sein sozialistischer Flügel mit der sozialen Idee der Produktivierung des Juden durch physische Arbeit.

So wie die sozialdemokratische Arbeiterkulturbewegung sich zum Programm der „kulturellen Veredelung“ und zum utopischen Leitbild des „neuen Menschen“ bekannte, propagierte die poale-zionistische Arbeiterkultur den jüdisch-sozialistischen Menschen, der, mittels Aliya, in Palästina Chawer, also Genosse, werden sollte – möglichst in einer sozialistischen Gemeinschaft wie z. B. in einem Kibbuz. Die zionistische Form der „Arbeiterveredelung“ fand ihre „jüdische“ Entsprechung in der Auswanderung: Aliya, das war der „Aufstieg“, die letzte Stufe zur Erreichung des zionistischen Ziels.

Unter den ostjüdischen Arbeitern in Deutschland besaß die sozialdemokratische Arbeiterpartei Poale Zion den größten Zuspruch. Ihre genaue Stärke lässt sich nicht feststellen. Eine Untersuchung der Jüdischen Arbeiterfürsorgestelle in Duisburg über die Mitgliedschaft in einer jüdischen Partei gibt Aufschluss über die insgesamt recht zersplitterten politischen Sympathien. Ca. 30 Prozent der Befragten bekannten sich zur Poale Zion, die damit die stärkste Gruppierung des jüdischen Parteienspektrums war. Aber erst im Frühjahr 1921, auf dem Höhepunkt der ostjüdischen Arbeiterzuwanderung ins rheinisch-westfälische Industriegebiet, konnte die Poale-Zion-Bewegung in einzelnen Ruhrgebietsstädten organisatorisch Fuß fassen. Ihr Hauptzweck war die „geistige und kulturelle Hebung“ der ausländischen Juden und die Realisierung der Grundprinzipien des zionistischen Sozialismus. Ihre kulturellen Aktivitäten reichten von der Errichtung von Bibliotheken, Lesehallen, Teestuben, Arbeiterheimen, Durchführung von Einzelvorträgen, deren Themen alle möglichen Bereiche aus Literatur, Sprache, Philosophie, Ökonomie und Politik umfassen konnten, Gewerkschaftsversammlungen und politischen Kursen, bis zur Organisierung von Wander-

Abb. 8: Hechaluz-Ortsgruppe Hamborn bei einem Ausflug.
Text auf dem Schild: „Tarpeh [=1925] Challutz Hamborn 1925“

kursen und Ausflügen. All diese Aktivitäten galten natürlich der politischen Mobilisierung der jüdischen Arbeiter.

Der Schriftsteller David Einhorn, der die ostjüdische Arbeiterszene im Ruhrgebiet durch eigene Vortragstätigkeit gut kannte, hat in einem Aufsatz für den New Yorker „Forwerts“ („Vorwärts“) Partei für die ostjüdischen Proletarier ergriffen. Seine glorifizierende und mystifizierende Diktion ist unüberhörbar. Er brandmarkte die Ignoranz der deutsch-jüdischen Intellektuellen, die sich im Berliner „Romanischen Kaffee“ träfen, das Volk Israel erretteten, die ukrainischen Getöteten wie ihr eigenes Vermögen zählten und sich allenfalls „um die fetten Töpfe“ der jüdischen Philanthropie drängten und jede Nacht neue Hilfskomitees gründeten. Einhorn wünschte sich diese Elite an den Arbeitsplätzen der jüdischen Bergleute und Industriearbeiter in Essen, Elberfeld oder Alsdorf, in den tiefen Schächten stehend, bei der Höllenhitze der Koksöfen und dem Donner der Dampfhämmer in den Krupp'schen Fabriken, um den Intellektuellen die Ostjuden zu zeigen mit den schweren Hämmern in den Händen, mit den „tanzenden Muskeln“. „Mit einem Mal würde ich dann den 15.000 jungen Leuten da befehlen“, stellte sich Einhorn vor, „ihre Hämmer kraftvoll auf die Ambosse herunterfallen zu lassen und ein Sturm würde die nichtigen Gedanken der Intelligenzlerschar durchblasen." Erstarren würden ihre „dicken Haarspalterungen", die sich jahrelang in der „Luft gedreht und gewunden" hätten und „nach Vernunft geschnappt, wie ein Hund nach dem Schwanz". Einhorn erinnerte daran, wie die deutschen Juden ihre Vergangenheit abgestreift und fremden Herren gedient hätten, sich in intellektuellen Zirkeln trafen, sich spalteten und vereinigten, wieder spalteten, während die ostjüdische Masse sich proletarisierte, in die Fabriken der Welt ging ohne jede Theorie, nur „mit zehn eisernen Arbeiterfingern und einem gesunden Menschenverstand". Jetzt, so Einhorn, seien jene Intellektuelle nur noch „Büchsenrappler" und „Almosenrevolutionäre" ausgeliehene „Wohltätigkeitsvereinsmitglieder" und „Taugenichtse" des gesellschaftlichen Lebens, die in Berlin säßen und philanthropische Spiele spielten und neun Stunden am Tag davon sprächen, wie ein gesunder jüdischer Arbeiter kämpft und arbeitet.

Bleiben oder Gehen?

Am 26. Juni 1920 wendet sich der ostjüdische Bergmann Samuel Chaper mit einem Gesuch an die Dortmunder Polizeibehörde, nach Amerika auswandern zu wollen. Er habe zu diesem Zwecke vom polnischen Konsulat in Essen bereits einen Reisepass erhalten. Zur Einreisegenehmigung bedürfe es noch der Erlaubnis der zuständigen amerikanischen Behörde in Berlin. Diese benötige jedoch von ihm ein polizeiliches Führungsattest, um das er die Behörde bitte. Noch am gleichen Tag bearbeitet die Polizeiverwaltung diesen Antrag und ersucht den Polizeibezirk I um Prüfung und Äußerung zu den Punkten: Familienverhältnisse, Strafen, Steuer, Kapitalflucht. Der Polizeiberichtbericht bestätigt die Angaben des Antragstellers. Er lautet: „Chaper wohnt seit 7 monaten [sic!] im Hause Ludwigstr. No. 6. Nachteiliges ist über denselben nicht bekannt. Genannter hat seine sämtlichen Steuern bezahlt. Strafen sind hier nicht bekannt. Kapitalflucht liegt nicht vor. Chaper ist ledig." So ablehnend Polizei- und Militärbehörden gegenüber Gesuchen ostjüdischer Arbeiter grundsätzlich verfuhren, bei diesem Antrag gab es keinerlei Bedenken. Die Ostjuden hatten ihre Schuldigkeit getan, der deutsche Arbeitsmarkt war nach dem Krieg angespannt, eine dauernde Niederlassung von Juden nicht erwünscht. Da kam eine freiwillige Ausreise sehr gelegen. Chaper erfüllte alle formellen Voraussetzungen für eine rasche Emigration. So vergingen nicht einmal 14 Tage bis zur endgültigen Bearbeitung dieses Vorgangs, der mit der Anweisung zu den Akten gelegt werden konnte: „Sichtvermerk erteilen".

Die ostjüdischen Arbeiter betrachteten Deutschland nicht als Einwandererland. Deutschland war eine Zwischenstation auf dem Weg vor allem in die USA. Soweit sie Zionisten waren, emigrierten sie nach Palästina. In die osteuropäische Heimat wollten sie aufgrund der dort virulenten Pogromgefahr nicht wieder zurückkehren.

Eine Postkarte, aufbewahrt im Bildarchiv des YIVO-Instituts in New York, zeigt eine Gruppe ostjüdischer Proletarier bei ihrer Arbeit im Dortmunder Bergbau. Neben dem Foto die mit ungelenker Hand geschriebene Bilderklärung: „Sommer 1919. Auf der Grube ‚Kaiserstuhl II' in Dortmund Westfalen. ^ dies Zeichen sind Lowiczer / + dieses Zeichen bin ich Schmulik. So schwitzt man." Die Rückseite dieses ebenso seltenen wie eindrucksvollen Fotos trägt folgenden jiddischen Text: „[...] auf der Reise nach Palästina bin ich zeitweilik schon über 9 Monaten vertreten in die deutsche Großindustrie auf die Kohlengrube Kaiserstuhl II Fotografiert bei der Arbeit mit meine andere selben Reise Jiden-Chewerim, Dortmund, den 20/VI.

1919". Es mag sein, dass die abgebildeten vierzehn Arbeiter zu einer Gruppe von dreißig Tiefbauarbeitern und Handwerkern gehörten, die im August 1919 unter Leitung eines Schachtmeisters von Dortmund aus nach Palästina emigrierten.

Abb. 9: Ostjüdische Arbeiter auf der Zeche Kaiserstuhl II, Dortmund 1919

Fallbeispiel: Salomon Sagel

Als Solomon Sagel im November 1915 eine Arbeitsstelle in Dortmund antritt, ist er einer von 50 000 weiteren ostjüdischen Arbeitern, die während des Ersten Weltkrieges zur Ankurbelung der deutschen Rüstungsindustrie im Ausland rekrutiert werden, von denen allein 4000 als Kumpel in den Kohlengruben des rheinisch-westfälischen Industriegebiets unter Tage arbeiteten. Sagel wäre, wie die übrigen zigtausend anderen ostjüdischen Arbeiter auch, namenlos geblieben, hätte er sich nicht zweimal mit einer Bittschrift hilfesuchend an die Dortmunder Polizeibehörde gewandt.

Salomon Sagel ist Eisendreher und gelangt als ostjüdischer Kriegsarbeiter 1915 nach Dortmund und ist hier im Stahlbau-Unternehmen Caspar Heinrich Jucho beschäftigt. Seit 1914 war das Unternehmen ein kriegswichtiger Betrieb.

Unter welchen Umständen Sagel 1915 als Kriegsarbeiter nach Deutschland und hier nach Dortmund kam, ob durch die Deutsche Arbeiterzentrale im besetzten Russisch-Polen vermittelt oder während des Krieges mit Gewalt ins Deutsche Reich verbracht, lässt sich nicht verifizieren.

In der Person Salomon Sagel spiegelt sich die Inhumanität deutscher Ausländerpolitik: Nachdem er von seinen in Warschau wohnenden Eltern die Nachricht vom Tod seiner 18-jährigen Schwester erhalten hat, stellt er am gleichen Tage, dem 27. März 1916, bei der Dortmunder Polizeibehörde ein Gesuch, nach Hause reisen zu dürfen. Es sei ihm ein „Herzensbedürfnis“, für einige Tage bei seinen Verwandten zu sein, schreibt er, und bekräftigt seine Bitte mit den Worten: „Ich würde damit auch eine religiöse Pflicht erfüllen, die uns Juden gewisse Zeremonien beim Tode naher Verwandter vorschreibt.“

Sagel versichert, dass er nach einem siebentägigen Trauerbesuch („Schiwe-Sitzen“) seine Arbeit bei der Firma C. H. Jucho sofort wieder aufnehmen würde. Doch die Dortmunder Polizeiverwaltung zeigt kein Verständnis für die vorgetragene Bitte und lehnt das Gesuch ab mit der Begründung ab: „Dem Antrage, [...] kann nicht entsprochen werden, da Antragsteller erst 24 Jahre alt ist, auch die sonstigen Bestimmungen und Vorschriften [...] nicht erfüllt sind.“ Damit muss sich der Bittsteller wohl oder übel abfinden.

Kurze Zeit später, im April 1916, erscheint der Name Salomon Sagel ein zweites Mal in der Behördenliteratur. Wieder hat er eine Petition an die Behörden gerichtet. Diesmal an das deutsche Generalkommando in Warschau. Als er am 12. April 1916 um die Erlaubnis bittet, seine Familie von Warschau nach Dortmund nachkommen zu lassen, genehmigt das zuständige

stellvertretende Generalkommando in Münster das Gesuch „ausnahmsweise“, nachdem die Dortmunder Polizeiverwaltung dies zuvor befürwortet hatte.
Was ist das Motiv der Polizeibehörde zu dieser ungewöhnlichen Entscheidung? Sagel hat bei der Firma Jucho nach eigener Einschätzung eine „dauernde und lohnende“ Beschäftigung. „Ich würde allen Grund zur Zufriedenheit haben“, beschreibt er seine Lage, „wenn es mir nur möglich wäre, mit meiner Familie wieder zusammen leben zu können.“ Als weitere Gründe führt er an, dass nur ein gemeinsam geführter Haushalt die Familie ausreichend ernähren könne. Als magenkranker Arbeiter sei er auf Schonkost und Pflege angewiesen, für die allein seine Frau sorgen könne. Schließlich trüge er sich mit der Absicht, auch nach Beendigung des Krieges in Dortmund wohnen zu bleiben. Aus diesen Gründen bitte er „ganz gehorsam“, seine Ehefrau Sophie Sagel und seinem Kind Schmuel Joseph die Erlaubnis zur Auswanderung erteilen zu wollen.
Die Brückenbaufirma Jucho scheint in Sagel einen qualifizierten Facharbeiter zu besitzen, auf den sie nicht verzichten möchte. Eingearbeitete Fachkräfte sind zu diesem Zeitpunkt gefragt, die meisten deutschen Facharbeiter sind eingezogen und stehen an der Front. Kriegsnotwendige Betriebe werden von den Militärs bedrängt, die Rüstungsproduktion zu

steigern. Leistungsdruck und Zeitnot führen dazu, dass die Unternehmen sich gegenseitig die guten Arbeiter abwerben. Und Sagel ist offensichtlich ein qualifizierter Arbeiter, den die Firma nicht verlieren möchte. Ein neuer Mann auf seinem Arbeitsplatz müsste erst wieder eingearbeitet werden. Das würde Zeit kosten, und ausländische Arbeiter sind unter den obwaltenden Arbeitsbedingungen zumeist wenig motiviert. Das alles sind gewichtige betriebswirtschaftliche Gründe.

Doch da ist noch etwas anderes, was der Dortmunder Polizei-Kommissar Wilhelm Elzholz nach Rücksprache mit dem Betrieb in sein Urteil mit einfließen lässt. Auf den Briefrand notiert er in antisemitischer Offenheit: „Die nebenstehenden Angaben in dem Gesuche sind richtig. Sagel ist am 2.4.[18]92 in Warschau geboren, Israelit, u[nd] seit 23.11.[19]15 hier. Da er ein tüchtiger u[nd] solider Arbeiter ist, der seine Familie anständig u[nd] gut ernähren kann, gute Vorbildung hat u[nd] wenig russisch-jüdisches [sic!] an sich hat, befürworte ich das Gesuch, halte jedoch die Genehmigung nur für die Dauer des Krieges erforderlich; eine dauernde Niederlassung hier ist nicht erwünscht."

Die Behörden bzw. einzelne Beamte entscheiden in Ausnahmefällen durchaus positiv auf Eingaben ostjüdischer Arbeiter, ohne allerdings ihre antisemitische

Grundhaltung zu verleugnen. Sagels Bitte wird stattgegeben und genehmigt den Zuzug der Familie ausnahmsweise – doch zur Ausführung dieses Bescheides kommt es nicht: Offensichtlich glaubt Sagel nicht an eine Befürwortung seines Gesuchs. Er wartet den behördlichen Bescheid erst gar nicht ab und, viele negative Erfahrungen seiner ostjüdischen Arbeitskollegen vor Augen, setzt sich nach Warschau ab. Seine Logiswirtin bezeugt vor der Polizei, dass Sagel aus seiner Wohnung Schwanenstr. 50 „verzogen" sei und sie seinen derzeitigen Aufenthalt nicht angegeben könne. Das Meldeamt hat keine Hinweise auf seinen Aufenthalt.

Sagel hatte seinen Schritt gut vorbereitet. Er kommt zunächst bei Freunden in Dortmund unter, geht wie gewöhnlich seiner Arbeit nach und wartet auf eine günstige Gelegenheit, seinen Arbeitsplatz und die Stadt unbemerkt zu verlassen. Erst spät recherchiert die Polizei auf der Arbeitsstelle. Am 10. August 1916 teilt die Firma Jucho der Polizeiverwaltung auf Anfrage mit, dass Sagel nicht mehr in ihren Diensten stehe. Er habe am 24. Juni 1916 „krankheitshalber" seine Arbeit unterbrochen und seitdem nicht mehr aufgenommen. Endlich, am 11. August 1916, bringt die Dortmunder Polizei Klarheit in den Fall Sagel. Kreis-Sergeant Jacob Bovekamp kann einen Fahndungserfolg verkünden: „S. hat am 27. v[origen] M[ona]ts die russische Grenze überschritten u[nd] wurde in Warschau festgenommen.“ Das ist Sagels letztes Lebenszeichen. Die archivalischen Quellen geben keine Hinweise auf das weitere Schicksal des Salomon Sagel.

Salomon Sagel ist der „unbekannte“ ostjüdische Arbeiter geblieben. Von ihm haben sich keine weiteren biografischen Spuren erhalten. Keine Selbstzeugnisse, keine Briefe, kein Foto. Allein geblieben sind seine beiden von ihm unterschriebenen Gesuche, verfasst mit Unterstützung eines Rechtsbeistandes.

Salomon Sagel ist, pars pro toto, der lebende Beweis, dass ostjüdische Arbeiter einerseits maßlos ausgebeutet wurden, zur Schwerarbeit fähig waren, aber dazu neigten, sich dem strengen Diktat zu entziehen. An seiner Person scheint auf, wie sehr die im jüdischen Glauben verankerten Appelle an die Menschlichkeit mit der Härte der antisemitischen Bürokratie kontrastierten. An seinem Fall zeigt sich der tief verwurzelte Antisemitismus der Behörden, der sich in den nachfolgenden Jahren als verhängnisvoll zeigte.

*

Mit dem Jahre 1923 – Besetzung des Ruhrgebiets durch Truppen Frankreichs und Belgiens sowie die beginnenden Hyperinflation – ging die achtjährige Geschichte ostjüdischen Arbeiterlebens in Deutschland zu Ende. Die Akten der Archive geben keine weiteren Auskünfte über die jüdischen Proletarier aus dem europäischen Osten, die Spuren verlaufen sich. Diejenigen Ostjuden, die nicht ausgewiesen oder abgeschoben wurden, wanderten zum größten Teil weiter. Manche gingen in die belgischen und französischen Kohlenreviere, die meisten zogen in die Vereinigten Staaten von Amerika weiter. Diejenigen, die zionistische Neigungen hatten, emigrierten nach Palästina. Nur eine Handvoll kehrte, der obwaltenden antisemitischen Strömungen in ihrer östlich Heimat wegen, in das wiedererrichtete Polen zurück. Schließlich gab es auch solche, die in Deutschland blieben und versuchten, dem proletarischen Milieu den Rücken zu kehren, um sich beruflich „umzuschichten", wie man den Berufswechsel dem Zeitgeist entsprechend damals nannte.

Die Bewahrung und Auseinandersetzung mit ihrer Kultur ersetzte den ostjüdischen Proletariern ihr heimatliches Milieu und bot ihnen zugleich kulturelle und religiöse Identifikation in einer für sie fremden Welt. Das kulturelle Bedürfnis, das Zusammensein mit Gleichgesinnten und ein ausgeprägtes Vereinsleben ließ sie die vielfältigen Demütigungen einer antisemitisch aufgeladenen Umgebungsgesellschaft vergessen machen. Diskussionen, Vorträge, Lektüre, „Dramatische Sekties", Gesang und vieles mehr spielten in ihrem alltäglichen Leben eine bedeutende Rolle. Die Teilnahme an Kursen in deutscher, englischer und hebräischer Sprache war häufig, die Beschäftigung mit Literatur in jiddischer Sprache war weit verbreitet, bei den Zionisten auch die Hinwendung zum Neuhebräischen. Natürlich gab es Kontakte zwischen deutsch-jüdischen Intellektuellen und proletarischen Ostjuden. Doch waren ideologische Gräben zwischen Kommunisten und Sozialdemokraten, Zionisten und Nichtzionisten ein entscheidendes Hindernis für einen wirklichen Dialog.

Die Spuren der während des Weltkrieges und der ersten Nachkriegsjahre nach Deutschland gekommenen ostjüdischen Arbeiter verlaufen sich in archivalischer Hinsicht bis zum Jahre 1923. Im Jahre 1923 war die Kriegswirtschaft endgültig auf eine Friedenswirtschaft umgestellt worden. Bis zu diesem Zeitpunkt waren die meisten ostjüdischen Arbeiter, nachdem die Grenzen für sie schon Jahre zuvor geschlossen blieben, weitergewandert.

Die wenigen Jahre zwischen dem Beginn des Ersten Weltkrieges und der wirtschaftlichen Depression von Weimar reichten nicht aus, um eine eigenständige ostjüdische Arbeiterkultur in Deutschland dauerhaft zu etablieren und eine Tradition aufzubauen wie es in London, New York, teilweise in Buenos Aires oder Amsterdam gelang. In Deutschland blieb nicht genügend Zeit, um die spezifischen sozialen, politischen, kulturellen und religiösen Beziehungen des ostjüdischen Proletariats gegen eine ihm ablehnend bis feindlich gegenüberstehende deutsche Gesellschaft sowie die komplizierten Interdependenzen zur autochthonen deutsch-jüdischen Gemeinschaft aufzufächern. Und ob dies überhaupt im Interesse ostjüdischer Arbeiter lag, darf bezweifelt werden. Ostjüdische Arbeiterkulturarbeit – soweit sie zionistisch motiviert war – zielte ausschließlich auf ein zukünftiges proletarisch-bäuerliches Leben in einem sozialistisch verfassten Judenstaat Palästina. Deutschland war nur eine Zwischenstation auf dem Weg dorthin. Dabei hatte der Zionismus Vorrang vor dem Klassenkampf.

Dennoch vermochten die ostjüdischen Arbeiter – ihrer kleinen Zahl und ihres fluktuierenden Charakters zum Trotz – ein breites Spektrum von Parteien und Vereinen zionistischer und sozialistischer Prägung und eine Arbeiterpresse aufzubauen sowie kulturell selbstbestimmte Eigenaktivitäten zu entwickeln. Aufs Ganze gesehen mögen ihre kulturellen Initiativen eher eine marginale Erscheinung gewesen sein, musste es wohl sein. Ostjüdische Arbeiter blieben zwar kulturell isoliert, aber sie boten ihren Angehörigen einen menschlichen, einen sozialen und spirituellen Halt.

Die Bekanntschaft mit den geistigen Strömungen des Ostjudentums, aber auch die ökonomische und politische Not der ostjüdischen Arbeiter trugen zu einer Stärkung des jüdischen Bewusstseins vor allem bei der deutsch-jüdischen Jugendbewegung bei. Die ostjüdischen Zuwanderer gewannen im deutschen Zionismus großen Einfluss und verliehen ihm wesentliche Antriebskräfte.

Mit den weiterwandernden ostjüdischen Proletariern verschwanden zugleich die Träger einer besonderen Arbeiterkultur. In Deutschland zurück blieb eine allgemeine jüdische Kultur, die ihre kulturschöpferische Kraft aus der Welt des Ostjudentums nahm. Diese ostjüdische Kultur hat sogar den Nationalsozialismus überdauert. Die ostjüdische Arbeiterkultur in Deutschland ist verschwunden, ehe sie als solche wahrgenommen wurde. Geblieben sind die jeder physikalischen Logik widersprechenden Bilder Marc Chagalls, lebendig ist „Tewje", der Milchmann in Schalom Alejchems „Anatevka", der so gerne reich wie Rothschild geworden wäre. Bekannt sind die lustig-tanzenden chassidischen Rebben und beliebt sind die heiter-melancholischen Klezmer-Melodien, herzlich gelacht wird über Witze, die im ostjüdischen Milieu beheimatet sind. Das alles ist sozusagen als Teil deutsch-jüdischer Kultur adaptiert worden, auch wenn diese ostjüdische Kultur zugleich die Kultur der Welt beeinflusst hat.

Quellennachweise

Archive

Hauptstaatsarchiv Münster, Preußischer Minister des Innern (Russisch-jüdische Arbeiter)

Stadtarchiv Dortmund, Bestand 5, Ausländer, 1915–1919

Stadtarchiv Duisburg, Bestand 20/436, Beschäftigung der Reichsausländer

Central Archives of Zionism (CZA), Jerusalem, Z 3/167, Überführung jüdischer Arbeiter aus Osteuropa in die deutsche Industrie durch die „Jüdische Abteilung der Deutschen Arbeiter-Zentrale" in Warschau während des 1. Weltkrieges

CZA A 15, Privatarchiv Max Bodenheimer: Protokoll der Sitzung des Vorbereitenden Komitees zur Gründung einer jüdischen Arbeiterfürsorgestelle, Berlin, 9. Okt. 1917

YIVO-Institute for Jewish Research, New York, Germany Photos Dortmund

Stenografische Berichte des Preußischen Landtags, Juni 1922

Yehoshua Amir im Gespräch mit dem Verfasser, Jerusalem, 6. November 1982

Jüdische Arbeiterstimme, Jg. 1921

Oberhausener Volksstimme, Jg. 1920

Ausgewählte Literatur

Adler-Rudel, S[chalom]: Ostjuden in Deutschland 1880–1940 (= Schriftenreihe wissenschaftlicher Abhandlungen des Leo Baeck Institute of Jews from Germany 1), Tübingen 1959

Aschheim, Steven E.: Brothers and Strangers. The East European Jews in Germany and German Jewish Consciousness, 1880–1923, Madison/Wisconsin 1982

Berger, Julius: Ostjüdische Arbeiter im Kriege, in: Volk und Land, 27 (1919), S. 829–838; 866–878

Einhorn, David: Deutsche Juden sind stolz auf die jüdischen Bergleute, in: Forwerts (jiddisch) Nr. 5, New York, 28. Juni 1922

Eschelbacher, Max: Ostjüdische Proletarier in Deutschland, in: Der Jude (1918/19), S. 512–523

Fraustädter, Werner: Die Ostjüdische Arbeitereinwanderung im rheinisch-westfälischen Industriegebiet, Diss. rer. pol., (Masch. Schrift), Frankfurt am Main 1921

Heid, Ludger: Das ostjüdische Proletariat in Duisburg (1914–1922), in: Ludger Heid/Julius H. Schoeps (Hrsg.), Arbeit und Alltag im Revier (= Duisburger Forschungen Bd. 33.), Duisburg 1985, S. 213–232

Heid, Ludger: Ostjüdische Arbeiter im Ruhrgebiet 1915–1922, in: spurensuche. Eine jüdische Gemeinde, die nicht mehr existiert, Essen 1990, S. 23–42

Heid, Ludger: „Proletarier zu sein und Jude dazu, das bedeutet unsägliches Leid …" Sozialisten zur „Ostjudenfrage", in: Juden und deutsche Arbeiterbewegung bis 1933. Soziale Utopien und religiös-kulturelle Traditionen, Tübingen 1992, S. 177–191

Heid, Ludger: Melocho welo Zedoko. „Arbeit nicht Wohltätigkeit" für ostjüdische Proletarier im Ruhrgebiet, in: Zedaka. Jüdische Sozialarbeit im Wandel der Zeit. 75 Jahre Zentralwohlfahrtsstelle der

Juden in Deutschland 1917–1992, Frankfurt am Main 1992, S. 79–92

Heid, Ludger: Maloche – nicht Mildtätigkeit. Ostjüdische Arbeiter in Deutschland 1914–1923 (= Haskala. Wissenschaftliche Abhandlungen Bd. 12), Hildesheim/Zürich/New York 1995

Heid, Ludger: Jüdische Arbeiterfürsorgeämter im rheinisch-westfälischen Industriegebiet 1919–1927, in: Duisburger Forschungen Bd. 43, Duisburg 1997, S. 287–310

Heid, Ludger J.: Ostjuden in Duisburg. Bürger, Kleinbürger, Proletarier. Geschichte einer jüdischen Minderheit im Ruhrgebiet, Essen 2011

Maurer, Trude: Ostjuden in Deutschland, Hamburg 1986

Neuberger, Josef: Die Hauptwanderungen der Juden seit 1914, Staatswiss. Diss., Köln [1927]

Ostjuden in Deutschland (= Schriften des Arbeiterfürsorgeamtes der jüdischen Organisationen Deutschlands, Heft II), Berlin 1921

Stoecker, Adolf: Unsere Forderungen an das moderne Judentum, in: Ders., Christlich-Soziale Reden und Aufsätze, Berlin 1890

Abbildungsnachweis

Haniel-Archiv, Duisburg-Ruhrort: Abb. 6, 7
Privatarchiv Dr. L. J. Heid: Abb. 1 (Umschlag), 2, 4, 5, 8
Stadtarchiv Dortmund: Abb. 3
YIVO-Institute, New York/USA: Abb. 9

Über den Autor

Ludger Joseph Heid

Dr. phil. habil., ist Historiker und Literaturwissenschaftler mit Venia Legendi für Neuere Geschichte. Er hat zahlreiche Schriften über Juden in der Arbeiterbewegung und im Sozialismus, zur deutsch-jüdischen Beziehungs- und Literaturgeschichte veröffentlicht, u. a.: Deutsch-Jüdische Geschichte im 19. und 20. Jahrhundert (1992); Maloche – nicht Mildtätigkeit. Ostjüdische Arbeiter in Deutschland 1914–1923 (1995); Der ewige Judenhass (2000); Oskar Cohn. Ein Sozialist und Zionist im Kaiserreich und in der Weimarer Republik (2002); Ostjuden. Bürger, Kleinbürger, Proletarier (2011); Peter Blachstein. Von der jüdischen Jugendbewegung zur Hamburger Sozialdemokratie (2014). Er schreibt u. a. für die Süddeutsche Zeitung, Die Zeit, Die Welt, Der Freitag, Jüdische Allgemeine, Tachles (Zürich). Bei Hentrich & Hentrich hat er herausgegeben: *Renate Heuer: Deutsch-jüdische Literatur-Geschichte im 19. und 20. Jahrhundert Aufsätze, Vorträge, Rezensionen*, ISBN 978-3-95565-227-2.